Dieses Buch gehört

Meine besten Rezepte

Bassermann

Inhalts-verzeichnis

Inhaltsverzeichnis

Tipps & Tricks

Was tun, wenn …

… der Kuchen zu dunkel wird

Außen angebrannt, innen matschig. Wenn Sie sehen, dass Ihr Kuchen außen schon ziemlich dunkel wird, die Backzeit aber noch etwas dauert, sollten Sie den Kuchen mit Backpapier abdecken. Alufolie eignet sich nicht, da sich darunter Feuchtigkeit staut.

… der Kuchen in der Form kleben bleibt

Ist die Form nicht richtig eingefettet, kann der Kuchen kleben bleiben. Die Rettung verspricht ein feuchtes Tuch. Dazu den Kuchen umdrehen, ein Küchentuch mit kaltem Wasser nass machen und auf die Form legen. Das Tuch einige Minuten liegen lassen und anschließend einen neuen Versuch starten.

… die Spaghetti verklebt sind

Verwendet man zu wenig Wasser zum Pastakochen, neigen Spaghetti zum Verkleben. Die Nudeln lösen sich nach dem Kochen wieder voneinander, wenn man sie mit heißem Wasser übergießt.

… die Suppe versalzen ist

Eine versalzene Suppe lässt sich mit Kartoffeln retten. Dazu die rohen Kartoffeln schälen und in Würfel schneiden. Die Suppe zusammen mit den Kartoffeln kurz aufkochen und die Kartoffeln anschließend wieder herausfischen.

… die Bananen noch grün sind

Bananen reifen sehr viel schneller, wenn man sie zusammen mit einem Apfel aufbewahrt. Äpfel verströmen das Gas Ethylen, was den Reifeprozess beschleunigt. Der Trick lässt sich auch auf Avocados anwenden.

… hartes Wasser das Teearoma beeinträchtigt

Geben Sie eine Messerspitze Natron ins Teewasser – Natron, auch Speisesoda genannt – enthärtet das Wasser und hat keinen Eigengeschmack.

… die Hände nach Zwiebeln riechen

Waschen Sie Ihre Hände mit Natronwasser – das neutralisiert den Geruch.

… Eischnee nicht fest wird

Geben Sie eine Prise Salz oder 1 bis 2 Tropfen Zitronensaft dazu.

… Sie Eier trennen wollen

Eiweiß und Eigelb lassen sich besser voneinander trennen, wenn das Ei frisch aus dem Kühlschrank kommt.

… Sie Klöße kochen wollen

Kochen Sie aus Ihrem Kloßteig immer erst einen Probekloß. Auch wenn das Rezept immer gleich ist, kann die Flüssigkeitsaufnahme des Mehls unterschiedlich sein. Ist der Kloß zu weich, zerfällt er. Dann geben Sie dem Teig noch Mehl, Grieß oder Kartoffelstärke zu. Wird der Probekloß zu fest, geben Sie noch etwas heiße Milch zum Teig.

… noch Eiweiß übrig ist

Frieren Sie Eiweißreste ein. Aufgetaut ist es wie frisches Eiweiß zu verwenden. Auch Reste flüssiger Lebensmittel können so dem Wegwerfen entgehen. So können Sie gefrorenen Saft als Eiswürfel für den nächsten Drink nehmen oder als kleine Erfrischung zwischendurch lutschen und gefrorene Sahnereste in Saucen und Suppen einrühren.

… Koriander noch Wurzeln hat

Koriander, an dem die Wurzeln noch dran sind, dürfen nicht ins Wasser gestellt werden, er fängt sofort an zu welken. Eingewickelt in ein feuchtes Tuch und im Kühlschrank gelagert, hält er einige Tage.

… eine halbe Avocado übrig bleibt

Die Avocado längs halbieren und den Kern in der aufzubewahrenden Hälfte lassen. Die Avocado mit Zitronensaft beträufeln und anschließend in Frischhaltefolie gepackt im Kühlschrank lagern.

Maße, Mengen & Gewichte

Gerade in alten Rezepten stehen oft heute fast unbekannte Maßangaben oder sehr grobe Mengenangaben. Hier finden Sie eine kleine Übersicht.

Flüssigkeiten

1 ml (Milliliter) = 0,001 l
1 ccm (auch cm^3, Kubikzentimeter) = 1 ml = 0,001 l
1 cl (Zentiliter) = 10 ml = 0,01 l
1 dl (Deziliter) = 10 cl = 100 ml = 0,1 l
1 l (Liter) = 1000 ml = 1000 ccm = 100 cl = 10 dl
1/2 l = 500 ml
1/4 l = 250 ml
1/8 l = 125 ml
1 TL (Teelöffel) = ca. 5 ml
(bei alten Rezepten sind es ca. 7 ml)
1 EL (Esslöffel) = ca. 10 ml
(bei alten Rezepten sind es ca. 14 ml)
1 Kanne = 2 Pott = 2 l
1 Pott = 1 l

Feste Lebensmittel

1 g (Gramm) = 0,001 kg
1 dkg (auch dag, Dekagramm) = 10 g = 0,01 kg
1 kg (Kilogramm) = 1000 g
1/2 kg = 500 g = 1 Pfund
1 Dutzend (dz oder dtz) = 12 Stück
(zum Beispiel bei Eiern)
1 Mandel = 15 Stück
1 Stiege = 20 Stück
1 Band (auch Bund) = 30 Stück
1 Schock = 5 Dutzend = 60 Stück
1 Quentchen (auch Quent oder Quint) = 3,7 g

Ess- und Teelöffelmaße bei festen Lebensmitteln Es sind immer gestrichene Löffel gemeint, die Werte sind nur Richtwerte.

Lebensmittel	Teelöffel	Esslöffel
Backpulver	3 g	8 g
Butter/Margarine	5 g	10 g
Grieß	6 g	12 g
Mehl	5 g	10 g
Salz	8 g	15 g
Speisestärke	3 g	8 g
Zucker	8 g	15 g

Was rechnet man pro Person?

	Vorspeise oder Beilage	Hauptspeise
Suppe	250 ml	500 ml
Reis/Nudeln (Rohware)	50 g	100 g
Kartoffeln	200 g	
Gemüse	300 g	
Fisch, Fischfilet	100 – 150 g	200 g
Schnitzel		120 g
Steak		200 g
Kotelett mit Knochen		150 g
Bratfleisch		150 g
Sauce		100 – 125 ml

Temperatur bei Gas-, Elektro- und Umluftherd

Gasherd (Stufe)	Elektroherd (°C)	Umluftherd (°C)
1	160	140
1-2	170	150
2	180	160
2-3	190	170
3	200	180
3-4	210	190
4	220	200
4-5	230	210
5	240	220
5-6	250	230
6	260	240

Englische und amerikanische Maßangaben

	Milch, Wasser	Öl	Mehl	Puderzucker	Zucker	Butter	Rosinen	gem. Nüsse, Mandeln
1 Cup (amerikanisch, US.cup)	235 ml	205 g	90 g	135 g	210 g	220 g	150 g	100 g
1 Cup (britisch, Imp.cup)	285 ml	250 g	110 g	165 g	255 g	270 g	180 g	120 g

1 Unze (onces, oz) = 28 g • 1 Pfund (pound, lb) = 454 g • 1 Pint (p, pt) = 550 ml • 1 Quart (qt) = 1,1 l

Umrechnungstabelle für Springformen

Was tun, wenn Sie ein Backrezept umrechnen müssen, da Ihre Backform kleiner oder größer ist? Eine häufig verwendete Springform ist die mit einem Durchmesser von 26 cm.

Als Grundlage für die Umrechnung auf die 20-er Form nehmen Sie die Formel zur Volumenberechnung: Radius x Radius x 3,142

Bei der 26-er Form ergibt sich:
26 x 26 x 3,142 = 2124, 0

Bei der 20-er Form sieht es so aus:
20 x 20 x 3,142 = 1256, 8

Das ergibt den Umrechnungsfaktor:
1256,8 : 2124,0 = 0,59 = 0,60

In der folgenden Tabelle sehen Sie, mit welchem Faktor Sie die Mengen für andere Größen umrechnen können:

Umrechnung von einer Springform mit 26 cm Ø

Beispiel: für die 26-er Form brauchen Sie 100 g Zucker

Durchmesser	Multiplikationsfaktor	Umrechnung der Zuckermenge
28 cm	1,16	100 g x 1,16 = 116 g
26 cm	1	100 g
24 cm	0,85	100 g x 0,85 = 85 g
22 cm	0,72	100 g x 0,72 = 72 g
20 cm	0,60	100 g x 0,60 = 60 g
18 cm	0,48	100 g x 0,48 = 48 g
16 cm	0,38	100 g x 0,38 = 38 g

Achtung! Denken Sie daran, dass sich auch die Backzeit verändern kann. Dafür gibt es keine Formel, hier müssen Sie beispielsweise den Holzstäbchen-Test machen.

Die Kältezonen im Kühlschrank

Lebensmittel halten länger, wenn sie richtig aufbewahrt werden. Für die Lebensmittel im Kühlschrank bedeutet dies, dass der Temperaturverlauf beachtet werden muss. Nur dann nutzen Sie den Kühlschrank optimal!

Gemüseschublade: Obst und Gemüse sollten im Gemüsefach lagern. Die Glasplatte sorgt dafür, dass die Feuchtigkeit nicht so schnell verdunstet. Folgende Früchte und Gemüse sind allerdings nicht für die Kaltlagerung geeignet: Ananas, Mangos und Bananen sollten bei Raumtemperatur gelagert werden, ebenso Gurken, Kartoffeln, Tomaten und Zwiebeln.

Glasplatte über der Gemüseschublade: Die tiefste Temperatur, ca. 2 bis 3 °C, herrscht auf der Glasplatte über dem Gemüsefach. Lagern Sie hier alle Lebensmittel, die besonders schnell verderben können: Wurst, Fleisch und Fisch.

Mittlere Ebene: Das Fach über der Glasplatte ist schon 2 bis 3 °C wärmer. Lagern Sie hier Milch und Milchprodukte sowie fertige Speisen.

Oberste Ebene: Das oberste Fach ist mit ca. 8 bis 10 °C am wärmsten. Diese Ebene ist geeignet für geöffnete Konfitüren, Butter, Margarine, Käse und geräucherte Waren.

Kühlschranktür: Die Temperatur in der Kühlschranktür hat die gleiche Temperatur wie das oberste Fach. Hier können Eier, Tuben, Ketchup und Getränke aufbewahrt werden.

Grundrezepte für die Gemüsezubereitung

Dämpfen

Dies ist die schonendste Garmethode, bei der die Vitamine erhalten bleiben und nicht wie beim Kochen ins Wasser abgegeben werden. Es geht zudem recht schnell, da nur eine kleine Menge Wasser erhitzt werden muss. Fett und Gewürze gibt man erst nach dem Garen an das Gemüse.

- Sie brauchen einen Dämpfeinsatz oder einen speziellen Dämpftopf. Der Deckel soll gut schließen, damit kein Dampf entweichen kann.
- Schneiden Sie das geputzte Gemüse in gleichmäßig große Stücke.
- Füllen Sie einen Topf ca. 2,5 cm hoch mit Wasser, stellen Sie den Dämpfeinsatz hinein. Das Wasser sollte das Gemüse nicht erreichen. Das Wasser zum Kochen bringen.
- Den Dämpfeinsatz mit den Gemüsestückchen füllen, den Deckel aufsetzen und das Gemüse garen: Brokkoli braucht ca. 4 – 6 Minuten, Blumenkohl 5 – 8, Rosenkohl 15 Minuten. Blattgemüse nur ganz kurz dämpfen, es verliert sonst an Farbe.
- Butter oder Öl, Salz und frisch gemahlenen Pfeffer vorsichtig an das gegarte Gemüse geben.

Rösten

Das Garen im Backofen eignet sich für Kartoffeln, Süßkartoffeln und Wurzelgemüse. Das Gemüse wird mit Olivenöl beträufelt und mit Meersalz, Pfeffer und frischen Kräutern gewürzt.

- Sie brauchen eine Auflaufform oder ein Backblech. Schieben Sie die Form/das Blech auf die mittlere Schiene und heizen Sie den Backofen vor auf 220 °C.
- Das geputzte Gemüse trocknen, evtl. schälen und in gleich große Spalten oder Stücke schneiden.
- Die Gemüsestücke mit 60 ml Olivenöl, Thymian, Salz und Pfeffer in eine große Schüssel geben und mit den Händen vermengen.
- Das Gemüse auf dem Blech verteilen und garen, dabei entsteht eine braune Kruste. Das dauert bei Süßkartoffeln ca. 20, bei Karotten und Kartoffeln 25 Minuten. Nach der Hälfte der Garzeit das Gemüse wenden.

Tipp: Überstreuen Sie das Gemüse zum Servieren mit etwas Meersalz.

Dünsten

Hierbei wird Gemüse im geschlossenen Topf mit wenig Flüssigkeit bei geringer Hitze sanft gegart. Dabei entsteht ein köstlicher Sud, der zu einer Sauce eingekocht werden kann.

- Sie brauchen eine hohe, große Pfanne mit einem gut schließenden Deckel.
- Das geputzte Gemüse zubereiten: zum Beispiel Porreestangen der Länge nach halbieren, Fenchenknollen in Spalten, Karotten schräg in lange Scheiben schneiden.
- Die Pfanne erwärmen, 15 g Butter darin zerlassen, eine fein gehackte Zwiebel darin glasig dünsten. Mit 60 ml Weißwein oder Wasser ablöschen und in 1 – 2 Min auf die Hälfte einkochen lassen.
- Gemüse, 375 ml Gemüse- oder Hühnerbrühe und etwas grobes Meersalz zugeben und bei starker Hitze aufkochen. Sobald die Flüssigkeit zu sprudeln beginnt, die Hitze reduzieren, bis nur noch gelegentlich kleine Bläschen nach oben steigen. Den Deckel auflegen und das Gemüse garen: Stangensellerie braucht ca. 15 Minuten, Fenchel 20 und Porree 25 Minuten.
- Das Gemüse in eine angewärmte Servierschüssel geben. Den Sud zum Kochen bringen und in ca. 8 Minuten auf 80 ml einkochen. 15 g Butter und frisch gemahlenen Pfeffer einrühren, evtl. mit Zitronensaft abschmecken.

Tipp: Servieren Sie gedünstetes Gemüse statt mit Sauce mit frisch geriebenem Parmesan.

Sautieren

Wenn Gemüse in wenig Fett bei sehr starker Hitze gegart wird, spricht man von Sautieren. Die Flüssigkeit verdampft und das Gemüse bräunt. Man benutzt diese Methode bei weichen Gemüsesorten wie Zucchini, Spargel, Paprika. Das Gemüse wird erst kurz vor dem Servieren gegart.

- Sie brauchen eine große Pfanne – ein schräger Rand erleichtert das Schwenken.
- Das geputzte Gemüse nach Belieben klein schneiden, möglichst in mundgerechte Stücke.
- Die Pfanne erhitzen. Wenn sie heiß ist, 2 EL Sonnenblumen- oder Olivenöl hineingeben. Sobald das Öl heiß ist, das Gemüse zugeben, gut im Öl wenden und mit Salz und frisch gemahlenem Pfeffer würzen.
- Das Gemüse zunächst alle 30 Sekunden schnell in der Pfanne hin und her bewegen (zum Beispiel durch Schwenken), danach nur noch gelegentlich, bis das Gemüse angebräunt und gar ist. Das dauert bei Spargel und Paprika ca. 4 – 7 Minuten, bei Zucchini ca. 8 – 10 Minuten.
- Sobald das Gemüse gar ist, die Pfanne vom Herd nehmen, das Gemüse aber noch etwa 5 Minuten in der Pfanne ruhen lassen, damit sich die Aromen gut entfalten.
- Das Gemüse mit Salz und Pfeffer abschmecken und sofort servieren.

Grundrezepte Teige

Rührteig

125 g weiche Margarine oder Butter • 125 g Zucker • 1 Prise Salz • 2 Eier (Größe M) • 250 g Mehl • 1/2 Päckchen Backpulver • 120 ml Milch

- Den Backofen auf 175 °C vorheizen. Die Butter glatt rühren, Zucker und Eier nach und nach zugeben und schaumig rühren, bis sich der Zucker gelöst hat.
- Mehl und Backpulver mischen, sieben und abwechselnd mit der Milch unterrühren.
- Der Teig ist fertig, wenn er schwer reißend vom Löffel fällt. Eine Backform fetten, den Kuchen einfüllen und ca. 50 Minuten backen.

Biskuit

6 Eier (Größe M) • 1 Prise Salz • 100 g Zucker • 150 g Mehl • 80 g Speisestärke • 2 TL Backpulver

- Backofen auf 180 °C vorheizen. Die Eier trennen. Das Eiweiß mit einer Prise Salz steif schlagen. Die Eigelbe mit dem Zucker schaumig rühren.
- Das Mehl, mit der Speisestärke und dem Backpulver vermischen.
- Den Eischnee zum Eigelb geben und das Mehl darüber sieben. Vorsichtig mit dem Teigschaber unterheben.
- Die Springform (26 cm) mit Backpapier auslegen. Den Biskuitteig in die Form füllen und bei 180 °C 40 bis 45 Minuten backen. Den Biskuit in der Springform auf einem Kuchengitter auskühlen lassen.

Tipp: Ob der Biskuit fertig ist, testet man, indem man auf die Oberfläche des Biskuits drückt. Bleibt kein Abdruck im Kuchen zurück, ist der Biskuit fertig.

Biskuitböden lassen sich problemlos einfrieren. Dazu den Boden einfach in Folie einpacken und in die Gefriertruhe legen. Den Boden einige Stunden vor Verwendung auftauen lassen.

Mürbeteig

100 g kalte Margarine oder Butter • 70 g Zucker • 1 Prise Salz • 1 Ei (Größe M) • 240 g Mehl • 1 Prise Zimt • Abrieb 1/2 Orange

- Die kalte Butter in kleine Stücke schneiden. Mit Zucker, Salz, Ei, Zimt und Orangenabrieb mit dem Handrührgerät verkneten. Den Teig zu einer Kugel formen, in Frischhaltefolie einschlagen und mindestens 1 Stunde im Kühlschrank durchkühlen lassen.
- Der Mürbeteig wird zuerst blind gebacken. Dazu heizt man den Herd auf 175 °C vor. Die Springform wird mit Backpapier ausgelegt und am Rand eingefettet. Nun wird der Mürbeteig in die Springform gedrückt. Der Rand wird dabei leicht hochgezogen. Den Boden mit einer Gabel mehrfach einstechen. Anschließend wird Backpapier auf den Teigboden gelegt und mit Hülsenfrüchten (z.B. Erbsen) beschwert. Durch die Hülsenfrüchte geht der Teig nicht auf. Im Ofen 10 Minuten backen.
- Die Hülsenfrüchte und das Backpapier entfernen und den Kuchen als Tarte oder Mürbeteig-Kuchen weiter verarbeiten.

Hefeteig

½ Würfel Hefe • 1 TL Zucker • 100 ml Milch • 300 g Mehl • 30 g Butter • 40 g Zucker • 2 TL Vanillezucker • 1 Ei (Größe M) • 1 Eigelb • 1 Prise Salz

- Für einen Hefeteig wird zuerst ein Vorteig angesetzt. Dazu wird die Hefe zerbröckelt und zusammen mit 1 Teelöffel Zucker und Milch vermischt. Die Milch sollte lauwarm sein. Heiße Milch zerstört die Hefe, sodass der Teig nicht mehr aufgehen wird. Den Vorteig abgedeckt an einem warmen Ort 15 bis 20 Minuten gehen lassen.
- Gesiebtes Mehl, Butter, Zucker, Vanillezucker, Eier und Salz vermengen und mit dem Vorteig verkneten. Den Teig weitere 15 bis 20 Minuten abgedeckt an einem warmen Ort gehen lassen.
- Den Teig nach Rezept weiterverarbeiten, auf ein mit Backpapier belegtes Backblech legen und zugedeckt weitere 15 bis 20 Minuten gehen lassen. Den Ofen auf 180 °C vorheizen und das Hefegebäck backen.

Tipp: Der Teig bleibt nicht an den Knethaken kleben, wenn Sie die Haken vorher mit etwas Öl einreiben.

Register

1. Auflage

ISBN 978-3-8094-3324-8

Umschlaggestaltung, Innenlayout und Satz: Studio Kokula, München
Projektleitung: Anja Halveland
Herstellung: Elke Cramer
Redaktioneller Teil: Dr. Margit Roth, Anja Halveland

Druck: Tien Wah Press, Malaysia
Printed in Malaysia

MIX
Papier aus verantwortungsvollen Quellen
FSC® C012700

Verlagsgruppe Random House FSC ® N001967

Das für dieses Buch verwendete Papier ist FSC ®-zertifiziert.